Se los dije...

Antología de artículos publicados desde 1997
acerca de Por qué Fallan las Encuestas

Salvador Borrego, Ph.D

Salvador Borrego, Ph.D.

ISBN: 1495971341
ISBN-13: 978-1495971341

CONTENIDO

INTRODUCCIÓN

Era 1993 y el estado de Nuevo León era gobernado por Sócrates Rizzo García. Un proyecto sobre seguridad social que afectaba al magisterio del sistema estatal, desencadenó un conflicto que fue conocido como el problema del ISSSTELEON.

Las páginas editoriales y los comentaristas televisivos y radiofónicos abordaron el tema con vivo interés e intensidad, predominando las opiniones adversas al movimiento magisterial, en tanto amplios sectores populares se manifestaban a favor de los maestros acompañándolos en sus frecuentes marchas, las cuales eran por lo común antecedidas por bandas de guerra de sus alumnos.

Yo era el encuestólogo del Gobernador, y en tal condición evaluaba con encuestas la evolución del problema. Por aquellos años las encuestas disfrutaban de una sólida y amplia credibilidad, pero sobre el problema del ISSSTELEÓN yo no creía en mis propias encuestas. La razón de ello es que el tiempo dedicado al análisis estadístico y la elaboración del reporte, abría una brecha de al menos cuatro días entre el momento en que se recababa la información de las personas entrevistadas (trabajo de campo) y el momento en que entregaba al gobernador el reporte; y durante ese tiempo por lo común ocurrían grandes marchas y los líderes de opinión se manifestaban sobre el tema, de modo que era sumamente razonable pensar que la opinión pública necesariamente se había modificado durante esos fatales cuatro días.

Fue entonces cuando entendí que el fenómeno social debía evaluarse con métodos menos parsimoniosos que la encuesta y que, para mi fortuna, el campo del Control Estadístico de Calidad resultaba una excelente alternativa, aunque requería de algunas modificaciones, tanto en la forma de recalcular límites como en la forma de entender el significado de un proceso en Control.

Era una fortuna, porque justo sobre el campo de Control Estadístico de Calidad versaba mi tesis doctoral como estadístico, y por aquellos años combinaba mi trabajo de encuestólogo con el de consultor industrial en ese campo.

Así fue que inició un largo proceso de adecuación y de pruebas, que derivó en nuestra actual metodología de **Cartas de Navegación Política** y al mismo tiempo una serie de reflexiones sobre las limitaciones de la encuesta que se fueron haciendo más acentuadas y evidentes en la medida en que la opinión pública se fue dinamizando con el advenimiento y cobertura creciente de los teléfonos celulares y la Internet.

Una selección de esas reflexiones, que fueron publicadas en su momento y que inicia en 1997, se publicó en el Periódico Regio.com que dirige el Ing. Leopoldo Espinosa Benavides entre el 8 y el 30 de agosto de 2012, en atención al interés que obligadamente se ha despertado por el tema de por qué fallan las encuestas, ante su fracaso monumental durante el proceso presidencial mexicano de 2012. Espero lo disfruten y que les resulte útil.

Salvador Borrego

Agosto de 2012

LOS MONITOREOS POLITICOS

Finalmente las deficiencias de nuestros *escuestólogos* se hicieron evidentes. El fracaso rotundo durante el proceso presidencial 2012 evidencia un daño severo. Los candidatos, sus clientes, fueron sistemáticamente engañados por sus resultados. A unos les dijeron que iban abajo cuando no siempre fue así, y a otro le dijeron que iba muy arriba cuando nunca fue cierto, al menos durante el 2012.

La obsolescencia de las encuestas es un tema que para nosotros ha sido claro desde hace casi 20 años. Sobre este tema hemos escrito artículos, dictado conferencias, dado entrevistas a los medios y publicado libros. Y hemos sido una voz en el desierto.

Hoy da la impresión de que hasta los *encuestólogos* entienden que sus encuestas tienen problemas. Se reúnen, discuten el tema, intercambian experiencias. Inútil faena y loco empeño el de ellos. La encuesta no tiene remedio.

A riesgo de seguir siendo esa voz en el desierto. De continuar en la "inexistencia" que me ha tocado disfrutar a plenitud, les obsequio esta serie de artículos que he recolectado sobre este tema, bajo el título: SE LOS DIJE.

Iniciamos con la introducción al tema *Monitoreos Políticos*, que aparece en el capítulo III del libro "Más allá de la encuesta política" de la autoría de un servidor, publicado por ediciones Oficio en febrero de 1997:

La validez de las encuestas ha sido durante muchos años un tema recurrente, abordado desde muy diversas perspectivas e intereses. Existe desde un genuino interés científico que ve con preocupación que cotidianamente se tomen decisiones para hacer inversiones económicas o desarrollar proyectos políticos en el campo electoral sin tener plena conciencia de los riesgos que se corren, hasta la prosaica actitud de quienes sustituyen la inteligencia por la suspicacia.

Un documento que tiene mucho que ver con estas preocupaciones es el folleto *What is a Survey?*, que la Asociación Estadística Americana preparó como una forma de dar al ciudadano común la posibilidad de evaluar la seriedad de las encuestas que periódicamente y sobre los más distintos temas se publican en los Estados Unidos.

También se cuestiona a las encuestas cuando el resultado de ellas afecta a una posición política determinada. Tal es el caso de las descalificaciones que sufren las encuestas por los candidatos menos favorecidos por sus resultados.

La referencia más socorrida por quienes desean cuestionar a las encuestas y a la estadística en general es Benjamín Disraeli, a quien se le atribuye la expresión: "Hay tres tipos de mentiras: Las mentiras, las malditas mentiras y la Estadística".

En defensa de la Estadística, base fundamental de la encuesta moderna, podemos señalar dos cosas:

1. Que Disraeli murió en 1881, mucho antes del desarrollo portentoso de la Estadística en el presente siglo.

2. Que Disraeli era un político, autor también de la frase: "Al demonio con los principios: Aférrese a los intereses de su partido".

Es de suponer que alguna aplicación Estadística afectó el interés del partido de Disraeli, haciendo razonable también la suposición de que por ello mandó al demonio el principio de conducirse con la verdad y desenvainó la espada contra la estadística.

Ciertamente se da con relativa frecuencia, sobre todo en las encuestas que realizan los medios masivos de comunicación, que la validez de éstas sea francamente cuestionable. La razón básica de ello es la común impreparación Estadística de los responsables de su realización.

Ciertamente también cabe la posibilidad de que se

publiquen encuestas apócrifas, indicando que algún candidato lleva la delantera con el propósito de influir en el electorado.

Esto es, presumiblemente existen razones de carácter operativo y también de carácter ético que atentan contra la validez de las encuestas, pero no podemos negar que ha habido un considerable avance en nuestros sondeos de opinión, como lo sugiere el hecho de que en las encuestas nacionales realizadas durante el proceso electoral del 94 no hayan sido las empresas extranjeras claramente mejores que las mexicanas en su función predictiva.

La validez de las encuestas encontró en 1994 una fuente adicional de cuestionamiento en su aparente incapacidad para detectar cambios en la correlación de fuerzas de los partidos como consecuencia de los dramáticos acontecimientos durante el proceso electoral del 94. El miércoles 17 de agosto de 1994, Oscar Camacho Guzmán y Pedro Enrique Armendarez escribieron en La Jornada lo siguiente:

"Como si se tratara de prácticas en probeta, las encuestas electorales publicadas de manera regular en el transcurso de la campaña presidencial fueron relativamente impermeables a los hechos políticos, económicos, sociales y delictivos que convulsionaron al país en los últimos meses".

Más que la validez de la encuesta como recurso metodológico, lo que Camacho Guzmán y Enrique Armendarez detectaron fue una limitante de las encuestas que tiene que ver más con costos que con falta de sensibilidad de los sondeos. Si en lugar de 2 ó 3 encuestas a lo largo de un proceso electoral se hicieran una por semana, se apreciaría el gran potencial de las encuestas para detectar incluso pequeños cambios en el proceso.

Como esto dispararía los costos una alternativa que durante los últimos años hemos dado a este problema ha sido la realización de encuestas telefónicas, realizadas día a día o cada tercer día, que analizadas empleando técnicas de Control Estadístico de Calidad nos han permitido ofrecer una eficiente y eficaz alternativa de solución al problema que plantean Camacho Guzmán y Enrique Armendarez.

La alternativa a que nos referimos son los *Monitoreos Políticos*, que para nosotros no significan sólo recabar información periódicamente sino también la aplicación correcta de las técnicas de análisis que nos proporciona la rama de la Ciencia Estadística conocida como *Control Estadístico de Calidad*. En el medio industrial se conoce a este cuerpo de técnicas con el más sugestivo nombre de *Control Estadístico de Procesos*.

EL PANISMO RENIEGA DE LAS ENCUESTAS

Continuando con esta serie de advertencias que sobre el problema de las encuestas hemos comunicado (sin ser escuchados) desde 1997, ahora presentamos un artículo que enviamos a nuestros contactos cibernéticos el 9 de noviembre del 2003 y posteriormente fue publicado como parte del libro "Crónica de una Sucesión Presidencial" en Editorial Muskaria en noviembre del 2006. Ojalá lo disfruten y lo difundan si les parece conveniente:

Por razones de orden organizacional hemos temporalmente suspendido nuestros sondeos nacionales. Consideramos que habrán de reiniciarse en breve y entonces pondremos con regularidad a consideración de ustedes nuestras apreciaciones estadísticas semanales respecto del quehacer político nacional.

Mientras se restablece el monitoreo habremos de escribir algunos comentarios cuando los acontecimientos nos llamen la atención o sucedan cosas íntimamente relacionadas con nuestra actividad metodológica.

En esta ocasión nos llamó la atención que el Partido Acción Nacional, al analizar sus recientes derrotas electorales, cuestionó la calidad de las encuestas que realizó para orientar sus decisiones de campaña. De manera textual la nota del 9 de noviembre de El Norte señala: "Se cuestionó al equipo de Medina Plasencia, entre ellos el Diputado Juan Molinar, por el uso de encuestas que no acertaron en sus proyecciones y nunca advirtieron de las tendencias desfavorables".

La pregunta medular al respecto es la siguiente: ¿Por qué fallan las encuestas de opinión? Podemos señalar, entre otras, las siguientes razones:

1. Porque la población de interés y el marco muestral tengan una discrepancia grande. Esto es, que la diferencia entre las personas que están enlistadas en el marco y las personas que conforman la población de interés, represente más del 20 porciento. Algunos autores señalan un porcentaje del 5 porciento, pero la experiencia indica que podríamos extendernos. Cabe señalar que la discrepancia que daña es por defecto y no por exceso del marco muestral, esto es, lo grave es que al marco le falten personas de la población de interés, no que le sobren.

2. Porque la aleatorización sea defectuosa. Esto es, porque no se garantice que cada elemento en la población tenga la misma posibilidad de ser incluido en la muestra.

3. Por errores en el procesamiento estadístico de los datos.

4. Por una inadecuada asignación de los indecisos.

5. Porque el abstencionismo influya notablemente en los resultados electorales.

6. Porque las encuestas pueden fallar. Las estimaciones al 95 por ciento de confianza

significan que es normal que falle una de cada veinte encuestas.

La experiencia y los conocimientos estadísticos de un encuestador pueden evitar que las encuestas fallen por las primeras cuatro razones anteriores, pero ningún *encuestólogo* puede evitar que sus encuestas fallen por las razones quinta y sexta.

Por lo común las encuestas fallan por las razones primera y segunda, como consecuencia de que los *encuestólogo*s en general no están lo suficientemente versados en la Ciencia Estadística, y porque tampoco tienen la suficiente humildad para reconocer esta fundamental deficiencia, contratando a auténticos especialistas en Estadística que les garanticen la aleatoriedad, la selección de un marco muestral adecuado y el análisis correcto de los datos.

Respecto al Partido Acción Nacional sería conveniente que hiciera público quién o quienes les hicieron sus encuestas y también que les diera la oportunidad de explicar públicamente las razones por las cuales ellos consideran que sus encuestas fallaron.

Al margen del desenlace de este asunto, lo valioso de

éste es que por primera vez se hace público el desencanto de un partido político nacional con un tipo de *encuestólogo* que debemos reconocer y perfilar. Por lo que nosotros sabemos, lo que si podemos anticipar es que los responsables de hacer encuestas para el PAN nacional no son estadísticos profesionales. Son aves de distinto plumaje, con habilidades muy destacadas para vender un producto cuya esencia desconocen de manera alarmante.

Lo que también podemos afirmar es que el PAN no es la primera víctima. También han padecido a este tipo de investigadores de opinión los otros partidos y los inversionistas comerciales. El mérito grande que tiene el PAN es que es el primero que advierte este problema y lo hace público.

Ojalá esto sea el principio del fin de la charlatanería en las encuestas y el principio también del predominio de las encuestas científicas en México, sin que los acomplejados nos detengan y nos pidan que esperemos a que este problema, que es mundial, lo resuelvan primero en Francia y en los Estados Unidos.

PRECISIONES SOBRE LAS ENCUESTAS DE SALIDA

Presentamos ahora un artículo que circuló entre nuestros contactos cibernéticos el 13 de septiembre de 2004, y publicado en noviembre del 2006 como parte del libro "Crónica de una Sucesión Presidencial" de un servidor:

Ante los descalabros de los *encuestólogo*s más conocidos (que no los mejores) de México, se hace evidente la necesidad de mejorar la calidad de las encuestas que contratan los medios de comunicación y los organismos electorales, porque este aspecto cobra cada vez más relevancia en la vida democrática del país, y porque amenaza con generarnos problemas de inestabilidad social por la incertidumbre y desconfianza que provocan las recurrentes "guerras" de las encuestas, sobre todo con miras al fascinante 2006.

La tragedia de las encuestas se origina porque el reconocido como padre de ellas, George Gallup, se murió sin saber cómo hacer encuestas con las bases científicas que se desarrollaron cuando él ya era famoso. Bajo el principio de que chango viejo (y exitoso) no aprende maroma nueva, los esfuerzos científicos que desarrolló la organización Gallup se concentraron más en tratar de justificar su muestreo de cuotas (esperanza vana y loco empeño), que en reconocer que su metodología era inadecuada y enmendar el rumbo.

Esta tragedia se actualiza día con día, porque los autores más populares de libros de Investigación de Mercados insisten en que es casi lo mismo usar muestreo probabilístico que muestreo no probabilístico, el de cuotas por ejemplo, y en consecuencia cada año egresan muchachos que fueron instruidos en las mejores universidades del mundo con una falla en su formación académica, que pagan quienes contratan sus servicios. Alguna vez me preguntó el Rector de una de las universidades orgullo de Monterrey, ¿Qué hacemos?

y mi respuesta fue: "No enseñar mentiras". Me remitió con los miembros de la academia correspondiente, se tomaron acuerdos ante la evidencia de errores fundamentales de los autores gurús de Investigación de Mercados, aceptando cubrir los temas estadísticos basados en libros escritos por autores que fueran estadísticos. Nunca se implementó el acuerdo y se siguen enseñando temas cruciales para el desarrollo de las encuestas por maestros que los ignoran, basados en libros escritos por personas que también los ignoran. La tragedia no es menor: Nuestras Universidades como difusoras de conocimiento falso.

Dejemos la tragedia fundamental para otra ocasión o para algún debate público, si alguien que se considere ofendido desea entrarle a este noble toro. Veamos que se puede hacer con las encuestas de salida, que se han estado utilizando con la esperanza de darles certeza a nuestros procesos electorales y no están cumpliendo su cometido, porque se han exagerado sus bondades y porque no se realizan con la rigurosidad metodológica requerida.

De las encuestas de salida debemos tener claro lo siguiente:

1. Que como para todas las encuestas, sus resultados no pueden ni deben considerarse como verdades incontrovertibles. En consecuencia jamás será sensato tomar decisiones fatales basándonos en ellas, así como aceptar derrotas y se debe ser muy cauto al basarse en ellas para hacer pronunciamientos de triunfo.

2. Como para todas las encuestas, es fundamental que el muestreo aplicado sea aleatorio, y en este caso no podemos movernos mucho. El único sistema de muestreo correcto para una encuesta de salida es Por Conglomerados en Dos etapas. Una primera etapa para seleccionar aleatoriamente las casillas y una segunda etapa para seleccionar aleatoriamente a las personas que van saliendo de ellas una vez que emitieron su voto. En la primera etapa se puede aleatorizar utilizando muestreo aleatorio simple o muestreo sistemático, siendo deseable estratificar aunque no imprescindible, mientras que en la segunda etapa por fuerza debe ser muestreo sistemático.

3. Para el cálculo del tamaño de muestra deben utilizarse las estimaciones de la última encuesta, buscando garantizar un margen de error inferior a la mitad de la diferencia entre las estimaciones del contendiente mejor posicionado y su más cercano competidor.

4. Es fundamental que se calculen los márgenes de error, al 95% de confianza, para cada una de las estimaciones de los distintos candidatos, para estar en capacidad de asegurarle al público que se tiene una confianza grande de que el resultado electoral será muy aproximado al estimado en la encuesta de salida, advirtiendo que un resultado discrepante podría verse con suspicacia, pero que en modo alguno la encuesta de salida representaría elementos científicos o de juicio para descalificar el proceso. A decir verdad la suspicacia no podría limitarse al proceso electoral; también tendríamos que aceptar que la empresa que realizó la encuesta estaría bajo sospecha de inmoralidad o incapacidad técnica. Dicho de otro modo, la coincidencia entre los resultados de una elección y una encuesta de salida representa una doble validación: La encuesta valida al proceso y el proceso valida a la encuesta.

5. En riguroso sentido estadístico, podemos decir que una encuesta de salida acertó en sus predicciones si, y sólo sí, los porcentajes de votos para cada uno de los candidatos difirieron de sus predicciones correspondientes en cantidades de puntos porcentuales inferiores a los márgenes de error correspondientes. Es claro que este criterio es mucho más estricto que la pretensión

peregrina de nuestros famosos *encuestólogos* de convertirse en adivinos de quién va a ganar. Si el resultado de una encuesta de salida es concluyente, esto es, si no se registra un empate técnico, entonces es claro que tendremos una predicción sobre quién va a ganar, la cual podría ser acertada a pesar de que la encuesta de salida en riguroso sentido estadístico haya fallado.

6. Es importante destacar la salvedad que tendríamos si los votos anulados afectan de manera no proporcional a los partidos, distorsionando el sentido de la elección por razones de criterios de anulación, fraude maquinado entre los representantes de partidos y funcionarios de casilla o por descuido de los electores.

7. Si en una encuesta de salida tenemos un empate técnico, debemos presentar los resultados indicando el rango donde podrían caer los resultados de la elección para cada uno de los candidatos. Si tal cosa sucediera tendríamos elementos de confianza aún para una elección cerrada, independientemente de quién gane o quién pierda, y esto daría, al menos en forma parcial, certeza al proceso. Dicho de otro modo, el orgullo que mostró nuestro amigo Roy Campos de la organización Mitofsky, por no poder dar los resultados en Veracruz porque su encuesta de salida registró un empate técnico, más que responsabilidad y

prudencia profesional, mostró limitaciones técnicas y conceptuales.

Para concluir señalamos que ninguna técnica estadística es en sí buena o mala, sino adecuada o inadecuada para condiciones específicas de aplicación. La condicionalidad es característica fundamental en el discurso científico. En consecuencia la alternativa es clara: Un mayor rigor científico en la aplicación de nuestras encuestas de salida, para aprovechar de ellas todo su potencial, pero al propio tiempo tener conciencia clara de sus limitaciones. Para ello requerimos más y más buenos estadísticos, con grado de maestría al menos y preferentemente con doctorado.

LOS ENCUESTÓLOGOS SE SUBIERON AL RING

Como bien saben esta antología de artículos se presenta hoy, pero no son actuales. Esto es, ante el fracaso de nuestros *encuestólogos* no estamos haciendo "leña del árbol caído" a "toro pasado". Estamos recordando las advertencias que sobre este problema lanzamos con el propósito de contribuir al rescate de una metodología, cuyas bondades no deben ser cuestionadas por las deficiencias de quienes han tratado de implementarla sin la debida preparación.

Lo anterior viene a cuento porque justo en este artículo se menciona a María de las Heras. Un deceso siempre será lamentable, porque deja una estela de dolor entre sus seres queridos. Ojalá no se tome a mal este artículo que ya estaba programado y que fue difundido el 20 de enero de 2006 entre nuestros contactos de internet y publicado en noviembre del mismo año como parte del libro "Crónica de una Sucesión Presidencial" :

Ya habíamos advertido que el General Giménez había lanzado un ataque por el flanco de las encuestas, encomendado a él por el Partido Acción Nacional, y hoy presenciamos un zafarrancho de combate sui generis, porque el enfrentamiento no es entre *encuestólogos*, sino de políticos contra *encuestólogos*.

Por el lado de los *encuestólogos* participa activamente María de las Heras; ella es la única que ha contraatacado, pero han recibido ataques también Roy Campos (Mitofsky) y los *encuestólogos* del grupo Reforma. Por el lado de los políticos participan, entre otros, Leonel Cota Montaño, presidente nacional del PRD, y Federico Arreola, un economista devenido en periodista y ahora devenido en político.

No es la intención aquí tomar partido por alguno de los grupos enfrentados, pero debo precisar las siguientes cosas que es importante tener presente en este momento:

1. Los políticos viven en un mundo distorsionado, rodeados de sus seguidores, quienes de buena o de mala fe, encuentran como la mejor forma de patentizar su apoyo expresándoles sus certezas de que ganarán la elección. Es por ello que toda encuesta favorable les resultará razonable y toda encuesta adversa sospechosa.

2. Nuestros *encuestólogo*s tienen defectos técnicos muy severos. Sus fichas metodológicas son verdaderos galimatías. Pero han encontrado a tantos en el mundo con sus mismas deficiencias, que viven la ilusión de que están haciendo bien las cosas. Establecen asociaciones mundiales y nacionales de *encuestólogo*s, editan revistas "especializadas", y con ello van forjando un mundo de fantasías de ser académicos y autoridades en la especialidad.

3. El IFE, el encargado del proceso electoral, ha establecido una serie de reglas que las empresas no satisfacen.

En particular utilizar muestreo aleatorio y publicar las fechas de trabajo de campo y los márgenes de error para cada reactivo de la encuesta[1]. Cuando vemos que ninguno de nuestros *encuestólogos* que presentan sus resultados en los medios masivos de comunicación presentan los márgenes de error como debe ser, y no son penalizados por el IFE, concluimos que la autoridad no está cumpliendo su cometido.

Ante este panorama llama la atención el hecho inédito de que ahora el enfrentamiento con los encuestadores sea tan frontal. Esto no nos preocuparía si fuera por las razones correctas. Si les llamaran a cuentas porque no aleatorizan bien, y en consecuencia sus muestras no son representativas, si les criticaran porque no calculan todos los márgenes de error al 95% de confianza, si criticaran a Roy Campos porque habla de variaciones de un punto porcentual, cuando su margen de error supuesto es de más de 3%, en fin, si los criticaran por descuidados estaríamos en una excelente condición como país, pero los están acusando de corruptos, de truquear los resultados.

---

[1] Este último requisito fue removido en beneficio de los *escuestólogo*s. A decir verdad era imposible cumplirlo sin utilizar muestreo aleatorio en sentido estricto, lo cual en general no hacen los encuestólogos nacionales.

El asunto es grave, porque por este camino dejaremos de tener en la encuesta el elemento externo de validez al proceso electoral por antonomasia, precisamente en una de las elecciones más importantes de nuestra incipiente democracia, y cuando el candidato puntero, que podría dejar de serlo, si por algo se ha distinguido es por las protestas y manifestaciones públicas cuando las cosas no son como él piensa que deberían ser.

Si López Obrador pierde la elección en las urnas no habrá poder humano que lo convenza de que el resultado fue genuino, y en este país podría estallar la violencia.

Por lo anterior es necesario que desde ahora se tomen algunas medidas preventivas para restablecer la confianza en las encuestas, de modo que los políticos les crean, aunque sea un poquito, cuando sus resultados les sean adversos.

En consecuencia consideramos que es urgente que los actores importantes de este proceso electoral tomen las siguientes medidas:

1. Que el IFE supervise con un equipo de especialistas en estadística (Ojo, estadísticos auténticos con al menos maestría en la especialidad; no actuarios, no economistas, no mercadotecnistas, no historiadores ni gente del pueblo), si la encuesta a ser publicada cumple a cabalidad los requisitos que el propio instituto ha establecido. Y que las penas por incumplir este requisito sean ejemplares, a efecto de garantizar que no se publique una encuesta si no cubre los mínimos metodológicos.

2. Que los medios de comunicación eviten contratar a empresas que no garanticen los requisitos que establece el IFE.

3. Recomendar a las empresas que ya tienen el mercado de las encuestas, que contraten a verdaderos especialistas en estadística, ubicándolos en puestos directivos que les den la garantía de una adecuada aleatorización, de un procesamiento estadístico adecuado y en especial del cálculo correcto de los márgenes de error, al 95% de confianza, para cada opción de respuesta de cada pregunta.

4. Que los medios de comunicación abran sus espacios para difundir la cultura estadística, de modo que hasta los actuales *encuestólogos* entiendan lo que significa un empate técnico, y que los economistas devenidos en periodistas y devenidos en políticos, entiendan también el

significado de margen de error, pero sobre todo que las cosas cambian, que de un momento a otro las cosas se pueden modificar, aún dramáticamente, como consecuencia de nuestras propias acciones, de las circunstancias o del accionar de nuestros adversarios.

Por lo demás para mí es claro que las encuestas, aún realizándolas a la perfección, tienen limitaciones metodológicas muy severas. Que son ya un recurso obsoleto y que van a morir pero, ciertamente, y quizá por razones sentimentales, debemos ayudarlas a bien morir.

P.D. Me alegró mucho leer, en el artículo de hoy de Federico Arreola, sobre las primeras encuestas que realizó el periódico El Norte en 1985. Refiere él que ante las inquietudes iniciales que motivó un resultado de encuesta, se tuvo la intención de contratar una empresa norteamericana que finalmente no pudo realizar la tarea. Me alegró porque recordé que finalmente fue a mí a quien contrataron y dirigí una de las primeras encuestas que utilizaron el muestro por conglomerados geográficos en México. Es bueno ser pionero de la encuesta política en México. Aunque mejor es ver el nacimiento de las Cartas de Navegación Política, concepto que empieza a cautivar a la clase política, y del cual tenemos el registro de derecho de autor.

ENCUESTAS: ¿REALIDAD O FANTASÍA?

Presentamos un artículo que publicamos en la revista "Ciencia, Conocimiento y Tecnología", uno de los grandes aciertos de mi amigo Dr. Luis E. Todd, durante su gestión al frente de la Coordinación de Ciencia y Tecnología de Nuevo León. Este artículo que a continuación presentamos fue publicado en el número de enero del 2010:

Una de las características de nuestros tiempos es el uso creciente de las *encuestas*. Las encontramos prácticamente en todos los contextos de nuestra vida cotidiana, y sabemos que muy importantes decisiones son tomadas con base en sus resultados. De ahí que la inquietud sobre su condición de realidad o fantasía sea por demás entendible.

Mucho contribuye a la inquietud antes referida, el hecho de que resulta por demás fantástico que tomar la opinión de unas cuantas personas, digamos que de un millar, nos permita conocer la opinión de más de 50 millones de personas en países como el nuestro, o de más de 100 millones de personas en otros países.

Para apreciar lo razonable del portento metodológico anterior, es necesario que tengamos integradas en nuestra forma de interpretar las cosas, pensando en **Emmanuel Kant**, nuevas **categorías** de carácter estadístico, que nos permitan comprender cabalmente el significado de aleatoriedad y el de margen de error en las estimaciones.

CULTURA ESTADÍSTICA

Sin esos elementos de *cultura estadística* inevitablemente nos será imposible entender las encuestas como realidades. Esto es, para mucha gente las encuestas serán fantasías, como consecuencia de su incapacidad para entender lo que éstas entrañan.

Es claro entonces que si le diéramos *machetazo a caballo de espadas* a las encuestas, esto es, si aplicáramos una encuesta nacional para indagar sobre lo que la gente piensa respecto de si las encuestas son fantasía o realidad, muy probablemente llegaríamos a la conclusión, desde la perspectiva de la ignorancia en su forma de incultura estadística, de que las encuestas son más fantasía que realidad.

Consideremos entonces otra perspectiva: La de los especialistas en estos temas, y centremos la atención en la encuesta cuyo propósito es indagar el estado de la **Opinión Pública**. Aquí pareciera que las encuestas disfrutan de una gran credibilidad, en atención a que sus predicciones en el ámbito electoral han sido por lo común acertadas.

Sin embargo, a pesar de ello, las encuestas han sido severamente cuestionadas por algunos investigadores importantes tales como el sociólogo **Herber Blumer**, quien enfocó su crítica más que a la encuesta en sí, a la valoración que de sus resultados se hace y al planteamiento metodológico general de estudio de la opinión pública. Al respecto Vincent Price, en su libro Opinión Pública, escribe lo siguiente (pág. 122):

"En 1948, **Blumer** denunció que la investigación en opinión pública estaba fracasando completamente en dicha tarea. Señalaba que los encuestadores eran obtusos a la naturaleza funcional de la opinión pública en nuestra sociedad, al enfocarse en las opiniones individuales, excluyendo los grupos funcionales y los canales organizados de influencia política. Sugería que los investigadores deberían empezar por investigar a los que diseñan las políticas, determinando las formas particulares de expresión de la opinión pública que llaman su atención y afectan sus acciones. La investigación podría entonces proceder siguiéndole la pista en retrospectiva a estas expresiones a través de sus diversos canales, y al hacerlo así, identificar los canales principales, los puntos de importancia clave y la manera en que cualquier expresión dada se ha llegado a desarrollar, y escoger una retrospectiva organizada de lo que inicialmente debe haber sido una condición relativamente amorfa."

Casi una década después, **H. H. Hyman** profundizó en los señalamientos de **Blumer** y llegó a un punto medular que en nuestros días cobra una relevancia fundamental. Al respecto Vincent Price nos ofrece lo siguiente (pág. 122):

"**Hyman** (1957) hizo eco de las preocupaciones de **Blumer**. Éste argumentaba que aún cuando la investigación había hecho aportaciones considerables en la teoría psicológica sobre la formación y cambio de la opinión, tenía mucho menos qué decir sobre los procesos sociales de gran escala o sobre las relaciones entre la opinión pública y los procesos de gobierno. Esto resultaba así porque los investigadores raramente reunían datos de series de tiempo que rastrearan el desarrollo de la opinión pública alrededor de un tema particular, o la interacción de la opinión pública con el sistema político formal. Los datos de encuesta, apuntaba, se recolectan sólo después de que el tema ha entrado en escena y sólo después de que el problema ha estado presionando. No hay muchos datos disponibles sobre las fases iniciales y de cierre del debate público. Para que la teoría de la opinión avance, se necesitarían datos sobre el curso de vida de un tema."

Cincuenta años después las preocupaciones de **Blumer** y en especial las de **Hyman**, cobran una relevancia dramáticamente superior por los avances logrados por la humanidad en materia de comunicación. Si antes era vital seguir la evolución de la Opinión Pública ahora, con los cambios vertiginosos que operan en ella como consecuencia de los teléfonos celulares y la Internet, se hace imprescindible, al grado que no hacerlo así conduce a inexactitudes y confusiones. Las encuestas en consecuencia se convierten en productos de información perecederos y por tanto se transforman, aun impecablemente realizadas, en fantasías más que en realidades.

CONCLUSIÓN FINAL

Llegamos entonces a una extraña conclusión final: Tanto desde la perspectiva de la ignorancia como desde la perspectiva del conocimiento, las encuestas son más fantasía que realidad. Los únicos que las toman como realidades, como fieles formas de evaluar las condiciones políticas o sociales, son aquellos que algo conocen del tema, pero que no saben lo suficiente como para entender que las encuestas, hoy en día, se deben tomar con algunas reservas.

Debemos entonces señalar aquellos casos en los cuales podemos confiar más y aquellos en los cuales debemos confiar menos de los resultados de encuestas. Aclarando que nos referimos a encuestas impecablemente realizadas, esto es, encuestas que han cuidado debidamente la aleatorización y el resto de los aspectos metodológicos, podemos decir que las encuestas serán más confiables cuando estudien procesos cuyo dinamismo es poco intenso como los siguientes:

- Los hábitos, tales como fumar, tomar bebidas alcohólicas, ejercitarse físicamente, etc.

- Condiciones socio-económico-demográficas, tales como número de personas por vivienda, nivel de ingresos, desempleo, etc.

En cambio, debemos desconfiar de las encuestas cuando nos informan sobre asuntos como los siguientes:

- Intención de voto en un proceso electoral.

- Nivel de popularidad de un gobernante.

- Grado de aceptación de una propuesta política.

La razón fundamental para establecer el grado de confianza que se sugiere, es el hecho de que la realización de una encuesta por lo común requiere al menos de cuatro días de trabajo. En consecuencia aquellos procesos que difícilmente se modificarán en períodos tan cortos como cuatro días, serán estudiados con suficiencia por las encuestas; procesos tales como los señalados en los puntos 1 y 2 anteriores.

En cambio, en los procesos señalados en los puntos 3, 4 y 5, es tal el dinamismo, que en cuatro días podrían modificarse radicalmente. En consecuencia las encuestas que se utilizan para evaluar este tipo de procesos frecuentemente presentan resultados poco creíbles, y cada vez es más común que todas las encuestas fallen cuando evalúan un proceso de este tipo, como ocurrió en Estados Unidos en las elecciones internas presidenciales del 2008 del partido demócrata en New Hampshire y como también ocurrió en las elecciones presidenciales españolas del 2004.

Finalmente llegamos a una respuesta que podría no ser la esperada por algunas mentes simples. Esto es, una que postule a las encuestas ya como realidad, ya como fantasía. Lamentablemente para las mentes simples, la ciencia se mueve en el terreno de las condicionalidades, no de los absolutos. Por tanto podremos considerarlas como realidades (en tanto razonablemente nos muestran el estado de opinión o condición de algún fenómeno bajo estudio), si el fenómeno estudiado es relativamente estable, o al menos se modifica muy poco en períodos tan cortos como el que nos demande la propia realización del estudio.

Y serán punto menos que fantasías, cuando se utilicen para medir procesos dinámicos como los electorales y los de imagen pública de personajes que tienen mucha exposición en los medios. Dicho de otro modo, o de modo más claro, las encuestas que por lo común vemos publicadas en los medios, que con mucha frecuencia tienen como tema de interés los procesos políticos, son poco más que pasatiempos. Tomar decisiones con base en sus resultados es un grave error derivado de la incultura estadística que lamentablemente aqueja a amplios sectores de nuestras dirigencias políticas, empresariales, académicas y líderes de opinión.

LAS CARTAS DE NAVEGACIÓN POLÍTICA

Aunque apartándome un poco del tema, me veo obligado a concluir esta discusión señalando que la solución al problema de estudiar fenómenos sociales dinámicos, consiste en estudiarlos no a través de las técnicas convencionales de encuesta, sino a través del *Control Estadístico de Calidad.*

La razón es muy entendible. Así como en los años recientes se dinamizó la vida social, por esa nueva condición de comunicación entre las personas, que de acuerdo a **Niklas Luhmann** deriva en una mayor complejidad del sistema social y en un incremento de la posibilidad de cambios bruscos en él, dos siglos antes se había iniciado la dinamización de la vida industrial, cuando en 1750 se inicia la **Revolución Industrial**, manteniéndose esta tendencia con la **producción en serie** y la **automatización de los procesos.**

La alternativa que ofreció la ciencia para atender los problemas de calidad y control en el nuevo entorno, fue justamente el Control Estadístico desarrollado por **Walter A. Shewhart**, a finales de la década de los veintes del siglo pasado. De modo que adecuar estas técnicas al campo social es la mejor forma de atender estos procesos.

Una solución integral a este problema, de nuestra autoría, siguiendo este enfoque, son justamente las *Cartas de Navegación Política*, las cuales desarrollamos entre 1993 y 2004. Desde entonces se han aplicado exitosamente en procesos electorales en diferentes estados de México y el extranjero, y de manera permanente para evaluar la gestión de gobierno de algunos gobernadores de México, que tienen con esta metodología una forma eficiente para alcanzar un propósito que en política resulta vital, la previsión, la anticipación de problemas.

Podría pensarse que esta técnica aprovecha la

experiencia empresarial de buscar a través del Control Estadístico un enfoque preventivo en lugar de un enfoque correctivo, pero perderíamos de vista que justamente este enfoque, el de anticipar los problemas, lo recomendó, hace más de medio milenio, **Nicolás Maquiavelo**, como algo que todos los Príncipes prudentes deberían hacer.

Monterrey, Nuevo León, México

¿POR QUÉ FALLAN LAS ENCUESTAS?

Nos acercamos al final de esta serie de artículos sobre el problema de las encuestas. En esta ocasión presentamos un artículo que fue publicado en la revista internacional *Campaigns & Elections*, en su número de agosto 2010. Espero lo disfruten:

El trabajo de campo de la encuesta se desarrolló durante los cuatro días previos a la elección. Era la tarde del pasado 3 de julio de 2010 y estábamos siguiendo uno de los procesos electorales de este año en México.

La ventaja estimada que arrojaba la encuesta era a favor de mi cliente por 13 puntos porcentuales, y sin embargo fui categórico cuando le dije: Esta elección está en grave riesgo de perderse, extremen precauciones en la operación electoral.

Es claro que se sorprendió, cómo era posible que con una ventaja tal yo advirtiera sobre una posible derrota. La explicación era relativamente simple aunque inusual: Las estimaciones que nos arrojaba la encuesta no eran confiables.

No eran confiables por lo siguiente: La estimación desglosada de la fuerza electoral de mi cliente por día, era como sigue: El 30 de junio 44.6%, el 1 de julio 34.7%, el 2 de julio 36.2% y el 3 de julio 31.5%. La tendencia entonces era claramente a la baja, mientras su contrincante se movía con relativa estabilidad al obtener los siguientes valores: El 30 de junio 27.1%, el 1 de julio 31.7%, el 2 de julio 24.8% y el 3 de julio 31.0%.

Como se aprecia en las secuencias de valores anteriores, el día previo a la elección las estimaciones para ambos contendientes eran muy similares, pero las tendencias hacían la diferencia y el riesgo grande de perder, como finalmente ocurrió al día siguiente.

Es claro que la encuesta falló, como han fallado tantas

encuestas desde aquella elección del 2004 en España. La diferencia en este caso es que se anticipó el claro riesgo de falla y con toda oportunidad se advirtió al cliente de ello.

Es claro que sería deseable que las encuestas no fallaran, pero ese tiempo se acabó. El mundo moderno, con su creciente intercomunicación entre ciudadanos comunes, hace posible que la Opinión Pública se modifique vertiginosamente. Dejó de ser el "blanco fijo" al que le tiraban las encuestas, para convertirse en uno móvil. El reto entonces no es buscar que las encuestas no fallen, sino anticiparnos a sus fallas y tener una idea clara del sentido en que estas fallas amenazan con presentarse.

Para lograr lo anterior es necesario estudiar la forma en que se desarrollan los procesos, al menos durante el período que cubre el trabajo de campo de la encuesta, para lo cual se hace necesario seguir el siguiente procedimiento:

1. Divida el tamaño de la muestra de la encuesta entre el número de días del período del trabajo de campo correspondiente.

2. Para cada uno de los días del trabajo de campo, obtenga una muestra aleatoria (y por favor ya olvídese de las inútiles muestras no-aleatorias).

3. Obtenga las estimaciones de la encuesta para cada uno de los días del trabajo de campo (por supuesto que va a trabajar más).

4. Observe las tendencias. En este punto es muy importante considerar los criterios del **Control Estadístico de Calidad**.

5. Si las tendencias de sus variables importantes son estables, entonces los resultados de la encuesta son confiables como en general lo eran antes.

6. Si se aprecian tendencias a la alza o a la baja, y especialmente si al emplear los criterios del Control Estadístico, se aprecian *alertas*, entonces los resultados de la encuesta no serán confiables.

Posteriormente a lo ocurrido en 2004 en España, el fenómeno que más ha llamado la atención es el creciente número de empresas encuestadoras que fallan simultáneamente. Después de España 2004 fue New Hampshire 2008, luego Colombia 2010 y ahora también México 2010. El fenómeno se irá repitiendo cada vez con más frecuencia, inevitablemente.

Las fantasiosas explicaciones que se escuchan al respecto son consecuencia de la incomprensión de ese nuevo fenómeno de dinamización de la vida social moderna.

Esperamos que esta confusión pronto sea superada, porque esta nueva condición exige cambios en la forma de estudiar el fenómeno social.

Los analistas políticos, los mercadotecnistas, los economistas, los publicistas que fincan en los resultados de encuestas sus juicios, bien podrían estar haciendo los razonamientos correctos sobre las premisas falsas, generando ideas y recomendaciones apartadas de la realidad y la sensatez. ¿Le parece que tiene esto alguna relación con los errores cada vez más frecuentes en instancias públicas y privadas?, hay quienes incluso afirman que el mundo moderno vive la *Rebelión de los estultos*.

En fin que el tema es sabroso y da para más, pero por lo pronto así lo dejamos.

LAS ENCUESTAS DEL SIGLO XXI

El siguiente artículo fue publicado en la revista "Campaigns & Elections", en su número de noviembre de 2010. Espero sea de su agrado:

INTRODUCCIÓN

Aunque algunos historiadores gustan de señalar que la Estadística es milenaria, refiriéndose a las cuantificaciones de antiguo de habitantes y cosechas, y otras propias de los Estados, derivando de ello su nombre, lo cierto es que entre aquellos ejercicios de cuantificación y lo que actualmente se conoce como Estadística existe una diferencia fundamental: el propósito original era tener registros de cosas importantes, acaso con la finalidad de hacer comparaciones, mientras que en la actualidad el propósito de la Estadística es apoyar a quienes toman decisiones en condiciones de incertidumbre, ofreciéndoles para ello una cuantificación de ésta en términos probabilísticos.

Algunos Estadísticos como el Profesor Donald B. Owen, han querido resaltar la diferente naturaleza de la estadística moderna refiriéndose a ella como **La Ciencia Estadística.**

Es claro sin embargo que esta sutileza conceptual se da entre los especialistas y no entre los legos, de ahí que se generen, con relación a esta ciencia, una serie de contrasentidos que por lo común se expresan en descalificaciones. La primera, y quizá la más famosa, es de la autoría de Benjamín Disraeli (1804-1881), quien fuera primer ministro del Reino Unido y favorito de la Reina Victoria. Este connotado personaje, que a más de su carrera política fue un notable escritor, se despachó con la cuchara grande cuando sentenció lo siguiente: "Hay tres tipos de mentiras: Las mentiras, las malditas mentiras y la estadística".

La jerarquía intelectual del autor de tal descalificación y la escasa cultura estadística que se ha podido desarrollar en el mundo, han determinado que tal expresión se siga utilizando como una de las formas predilectas de agresión a una ciencia por demás noble como la que nos ocupa, que sustenta y da sentido a tantas actividades fundamentales del quehacer cotidiano de la humanidad, como es el caso de las *encuestas*, sobre las cuales habremos de concentrar nuestra atención.

Ante esta situación tan singular (que ni siquiera los más instruidos en otras disciplinas tengan una adecuada cultura estadística, a pesar de ser usuarios de ella), se ha formado un entramado de mitos y fantasías respecto de la **Ciencia Estadística** y sus diferentes ramas y aplicaciones específicas. Las más de las veces por descalificarla, pero en no pocas ocasiones por sobrevalorar sus bondades.

Ante esto nos vemos obligados a iniciar el desarrollo de esta aportación planteando algunas consideraciones sobre la forma en que debemos relacionar algunos juicios sobre las Encuestas con los valores de verdad (verdadero o falso); de esto se derivará el tema de las limitaciones actuales de las encuestas, después abordaremos las dificultades que tienen los actuales profesionales para atender el problema demoscópico del siglo XXI, para concluir presentando nuestra alternativa de solución (*Las Cartas de Navegación Política*) y el rol futuro que podrían desarrollar en este campo los ingenieros.

ESTADÍSTICA VS CIENCIA ESTADÍSTICA

Saber cuántos habitantes tiene un país, o una comunidad, ha sido importante desde tiempos inmemoriales. Las realizaciones de tales cuantificaciones son conocidas como **censos**, y en ellos se obtiene tanto la cantidad total de habitantes como los porcentajes o proporciones de ellos que pertenecen a cada sexo, grupo de edad, nivel de escolaridad, ingresos, religión, etc.

En esta aplicación se sigue en la actualidad el mismo propósito original de la estadística, que es simplemente cuantificar y si acaso ordenar la información recabada con fines comparativos simples. Cada diez años se realizan los censos en los tiempos modernos.

Sin embargo no todo se puede registrar en un censo, y puede entonces surgir la necesidad de conocer algo que de pronto emerja como importante, como por ejemplo la proporción de niños que no hubieran recibido la protección de una vacuna.

Si la motivación para conocer lo anterior fuera tomar providencias ante un grave riesgo para la niñez, realizar un censo para tener la cuantificación exacta sería un contrasentido. Surge entonces la necesidad de estimar la proporción de niños sin la cobertura sanitaria deseada, en el menor tiempo posible. Una opción de solución es efectuar una estimación con base en los resultados *obtenidos* de una parte del total de niños en la población, esto es, con base en una muestra de niños. Es claro que al basar nuestra estimación no en la población completa sino en una parte de ella que llamamos **muestra**, no tendremos la certeza de que esa proporción resultante sea efectivamente la proporción verdadera. Esto es, surge la **incertidumbre**, y con ella la necesidad de abordar el problema con el enfoque moderno de la estadística.

Es entonces cuando la Ciencia Estadística nos ofrece, a condición **ineludible** de que la muestra sea **aleatoria**, resultados de la forma siguiente:

> La proporción de niños sin la vacuna se estima en 20%, con un margen de error al 95% de confianza de 3%.

¿Qué significa el anterior embrollo?: Que ante la incertidumbre nunca tendremos la absoluta certeza sobre cuál es la proporción verdadera que deseamos conocer, pero que tenemos una confianza elevada en que esa proporción deberá ser un valor entre 17% y 23%, que son los valores resultantes al restar y luego sumar a la estimación de 20% el margen de error de 3%. Es claro entonces que un tomador de decisiones sensato basaría sus juicios y alternativas de solución sobre la base de suponer que 23% y no 20% de los niños, no tienen la cobertura deseada.

Esto es lo que puede ofrecer la Ciencia Estadística, y en este caso las encuestas, ante la incertidumbre. **Esperar más es *pedirle peras al olmo*, pero además nadie ofrece más que esto, sin mentir.**

Es aquí donde surgen la mayor cantidad de confusiones, porque si alguien tiene la expectativa de que los valores que arroja un trabajo estadístico sean siempre de la naturaleza de los censos, entonces generará la convicción de que el porcentaje de niños sin la cobertura de la vacuna sea exactamente 20%. Si de algún modo se comprueba que el valor exacto es 22%, pensará **equivocadamente** que la estadística miente.

ENCUESTAS Y VALORES DE VERDAD

La condición antes descrita respecto de la credibilidad de las encuestas, le da sentido a la interrogante respecto de qué es verdad y qué es falso en este contexto metodológico. A decir verdad hay varios aspectos de las encuestas sobre los cuales es importante saber si lo que comúnmente se considera como verdadero efectivamente lo es, o si estamos en uno de los mitos y fantasías derivados de la ignorancia.

Los aspectos que pensamos vale la pena considerar, son los siguientes:

1) ¿Tiene la Estadística algún sustento científico?

2) ¿Cuándo se aplica la estadística, lo que resulta es verdadero?
   a) Sobre las estimaciones.
   b) Sobre la opinión pública respecto de personas.
   c) Sobre las conductas futuras.

¿TIENE LA ESTADÍSTICA ALGÚN SUSTENTO CIENTÍFICO?

La Estadística tiene un sustento matemático sólido y absolutamente válido como lo tiene cualquier otra rama de la matemática. A este cuerpo de ideas se le conoce como *Estadística Matemática*, siendo la **probabilidad** una de las ramas de la matemática que juegan en este contexto un papel fundamental, sin ser la única.

Prácticamente todas las ramas de la matemática apoyan en la sustentación teórica de la Ciencia Estadística.

Cuando se realizan aplicaciones de la estadística, ¿lo que resulta es verdadero?

Sobre las estimaciones

Las estimaciones rara vez son exactamente iguales a los valores reales. Son sólo aproximaciones. Esta expectativa generada por la experiencia con los censos genera decepciones.

Sobre la opinión pública respecto de personajes

Los resultados de encuestas frecuentemente tienen que ver con la imagen pública de personas, y al contrastar esa imagen pública con otros elementos de juicio, se genera también desconfianza.

Al respecto debemos resaltar que **las encuestas evalúan percepciones, no realidades.**

Es común observar imágenes públicas muy desgastadas, que no corresponden a la calidad moral elevada de las personas evaluadas, y es común también observar lo opuesto.

Sin embargo es importante destacar que en el ámbito público tiene una importancia capital la imagen pública. Por ello en esos contextos se escucha con frecuencia la siguiente frase: *percepción es realidad*.

Es claro que estamos aquí ante un juego de palabras que también genera confusiones.

Sobre las conductas futuras de las poblaciones encuestadas

Las más de las veces las suspicacias respecto de las encuestas surgen del contraste entre las predicciones sobre procesos electorales y los resultados finales. Aquí es importante señalar que es cada vez más común observar que fallen las predicciones de encuestas, y que en los tiempos recientes se ha presentado el fenómeno de que fallen todas las encuestas. El caso más reciente acaba de ocurrir en Brasil.

Esto ha generado mucha desconfianza en las encuestas, y es tan crucial el tema que hemos dejado el siguiente punto para abordarlo con mayor detalle. Por lo pronto sólo precisamos que es ésta una forma equivocada de juzgar el trabajo de un encuestador. **Ni una encuesta que falla en sus predicciones es necesariamente una encuesta mal realizada, ni una encuesta que acierta en sus predicciones es necesariamente una encuesta bien realizada.**

LIMITACIONES DE LA ENCUESTA ACTUAL

El mundo de las encuestas y el mundo de la calidad, tienen en común su raigambre conceptual en la Ciencia Estadística y la escasa presencia de profesionales de la estadística en estas actividades, que por lo común son desarrolladas por otro tipo de especialistas. Esto ha determinado deficiencias notables en sus aplicaciones específicas.

En el caso de las Encuestas, a pesar de las deficiencias que más adelante precisaremos, se había conseguido una relativa credibilidad como consecuencia de predicciones electorales acertadas, particularmente durante la segunda parte del siglo XX, pero este nuevo siglo ha traído una cauda de suspicacias respecto de las encuestas, a grado de que cada nuevo proceso electoral es un viacrucis para los otrora orgullosos *encuestólogos*, que llegaron incluso a fantasear con la infalibilidad.

LIMITACIONES POR CUANTO A LA MANERA EN QUE POR LO COMÚN SE REALIZAN

Las deficiencias más notables de las encuestas actuales son las siguientes:

a) La **aleatorización**, que sigue siendo el *talón de Aquiles* de las encuestas. Se confunde la idea de aleatorizar con la de dispersar, y se vive la fantasía de que una muestra será representativa de la población que se desea estudiar, si se ajustan las proporciones de otras variables tales como las demográficas.

Los galimatías que aparecen en las fichas metodológicas de nuestros *encuestólogos*, no aparecen en ningún libro de muestreo.

b) Los **márgenes de error al 95% de confianza** son otra deficiencia. En principio porque la condición exigida para estar en capacidad de calcularlos es la aleatorización. Por otra parte se tiene la idea equivocada de que el margen de error corresponde a la encuesta toda, y por ende a todas y cada una de las estimaciones, cuando en verdad tenemos tantos márgenes de error como estimaciones. Esto es, si en una pregunta las respuestas son: *Sí, No y No sé*, entonces tendremos tres estimaciones y tres márgenes de error. Si el cuestionario de la encuesta constara de 10 preguntas con tres opciones de respuesta cada una, tendríamos 30 estimaciones y 30 márgenes de error.

c) Imprecisión en la asignación de **empates técnicos**. Esto es consecuencia de lo anterior, pues la imprecisión en los márgenes de error conlleva imprecisión en la declaración de empates técnicos. Una ilustración de un empate técnico se puede apreciar en la siguiente liga sobre el pasado proceso electoral en el estado de Durango:
http://www.youtube.com/watch?v=CzLZDZjQtac

d) Fantasías como el **too close to call**. Las deficiencias estadísticas de nuestros *encuestólogo*s los llevan a postular conceptos curiosos tales como el referido. Por *too close to call* ellos quieren decir que la diferencia entre las estimaciones para dos candidatos es tan pequeña que no se puede afirmar de manera razonable cuál de ellos tiene más posibilidades de triunfar. Esta graciosa forma de presentar los resultados los exime de confrontar sus predicciones con los resultados electorales.

e) Los encuestadores deben siempre publicar sus predicciones junto con sus márgenes de error. Si en el contraste de una predicción con el resultado electoral observamos una discrepancia menor al margen de error correspondiente, entonces esa predicción será acertada, si la discrepancia es mayor entonces será una predicción errónea.

f) En la ilustración del caso de Durango un *encuestólogo* distraído podría declarar un *too close to call*. Nosotros publicamos nuestras estimaciones con sus márgenes de error y los intervalos de confianza correspondientes. En consecuencia, con independencia del resultado de la elección, se puede evaluar si las predicciones fueron acertadas o no. Dicho de otro modo: La Ciencia Estadística no dice quien va a ganar o quién va a perder, se limita simplemente a ofrecer estimaciones con sus respectivos márgenes de error al 95% de confianza. En consecuencia siempre serán evaluables sus estimaciones.

POR CUANTO A SU PROPIA NATURALEZA METODOLÓGICA (EL DINAMISMO SOCIAL DEL SIGLO XXI)

A pesar de las deficiencias señaladas antes, las encuestas habían sido relativamente acertadas en sus predicciones. Sin embargo un fenómeno interesantísimo se empezó a observar a finales del siglo pasado y principios de éste: De pronto se observa con cada vez mayor frecuencia que **fallen todas las encuestas**. Así fue en España en la elección presidencial de 2004, en la interna del partido demócrata en New Hampshire en 2008 y en Colombia, México y Brasil en este 2010.

La explicación de este fenómeno es el creciente dinamismo de la opinión pública, como consecuencia de los avances en la comunicación interpersonal. La red de internet y los teléfonos celulares, permiten ahora la comunicación con múltiples personas a la vez, y esto trae como consecuencia que las opiniones individuales se puedan convertir ahora en opiniones colectivas en tiempos tan breves que no tienen antecedente en el devenir histórico de la humanidad.

El estallido de bombas en la estación de Atocha en Madrid el miércoles previo a la elección presidencial española de 2004, y el intento inmoral del presidente Aznar de utilizar la tragedia con fines electorales, generó un proceso de indignación con efectos electorales que no alcanzaron a registrar las encuestas.

Ante esto nos encontramos con un problema estructural de las encuestas: Son parsimoniosas, y en consecuencia ofrecen evaluaciones de la opinión pública que llevan un gran riesgo de ser imprecisas, ya no tanto por defectos en su realización, sino por ofrecernos estimaciones que corresponden a realidades sociales que recién han perdido su vigencia.

DIFICULTADES DE LOS ACTUALES ENCUESTÓLOGOS PARA ATENDER EL PROBLEMA DEMOSCÓPICO DEL SIGLO XXI

Los profesionales actuales de las encuestas pagan ahora el precio de no haber profundizado en los temas estadísticos. Se preocuparon por cubrir solamente cuestiones muy básicas. Los menos pueden con alguna suficiencia enriquecer sus análisis aplicando *Análisis de Contingencia.*

El problema para ellos es que la nueva condición de dinamismo social reclama la aplicación de otras ramas de la Ciencia Estadística, en particular la del **Control Estadístico de Calidad**, que engloba los procedimientos metodológicos que fueron desarrollados para atender precisamente el mismo fenómeno de dinamización pero en el contexto industrial, generado por la **Revolución Industrial** y la **producción en serie.**

El reto inevitable que enfrentan hoy nuestros *encuestólogo*s que no son estadísticos es de gran envergadura, y lo que se avizora es que sucumban ante él.

LAS CARTAS DE NAVEGACIÓN POLÍTICA: LA PRIMERA ALTERNATIVA METODOLÓGICA PARA ATENDER EL CRECIENTE DINAMISMO SOCIAL DEL SIGLO XXI

Para nuestra fortuna desde hace más de 25 años hemos trabajado tanto en el ámbito industrial como en el demoscópico, de modo que ante los primeros signos de este dinamismo abordamos el fenómeno demoscópico con las técnicas del Control Estadístico de Calidad, desarrollando una adecuación metodológica, que adicionalmente procuró ofrecer a los tomadores de decisiones políticas un instrumento que no sólo captara el nuevo dinamismo social, sino que además tuviera también la condición de poner ante sus ojos, de una manera muy simple y de rápida lectura, toda la información trascendente para la toma de decisiones.

A estos reportes gráficos de nuestros análisis estadísticos, los registramos con nuestro derecho de autor (Número de Registro: 03-2004-070114242900-01)

bajo el nombre de **Cartas de Navegación Política.** Los interesados en profundizar en este tema pueden hacerlo en la siguiente liga:
http://www.sabaconsultores.com/?art=5

LA DEMOSCOPÍA COMO ÁREA DE OPORTUNIDAD PARA LOS INGENIEROS EN EL SIGLO XXI

Como puede apreciarse de lo anterior, las encuestas del siglo XXI reclaman una suficiencia estadística que está más cercana a los ingenieros que a los actuales profesionales de la encuesta, tales como los mercadotecnistas o los politólogos.

De modo que lo que se avizora es que, como de hecho ya se empieza a hacer en algunos corporativos, se busque aprovechar el nivel estadístico de los ingenieros capacitándolos en los aspectos no estadísticos de la encuesta, pues ello resulta más prometedor que tratar de capacitar a los actuales Encuestólogos en los temas estadísticos que ahora cobran relevancia.

De modo que no nos extrañe que en el futuro sean ingenieros, especialmente los del área de Ingeniería Industrial, los encargados de realizar las encuestas en el siglo XXI. Esto significará un avance, pero lo deseable es que los Estadísticos cubran estos espacios, como integrantes de equipos multidisciplinarios, que atiendan con propiedad el cada vez más complejo problema demoscópico.

YA CON ÉSTA ME DESPIDO

Hasta aquí lo que publicamos antes del 1 de julio de 2012. Cuando el problema de las encuestas se manifestó de modo tan claro en esta elección presidencial, al grado que los cuestionamientos a los *encuestólogos* y las explicaciones absurdas que se escuchaban al respecto tanto por ellos mismos como por nuestros analistas políticos, llegaron a ser un tema de similar importancia mediática que el mismo resultado de la elección; difundimos el siguiente texto que presentamos aquí a manera de colofón de esta serie de artículos:

¡NO SE HAGAN BOLAS!

No se hagan bolas:

1. Las Encuestas nunca han sido recursos infalibles de predicción. Su ámbito natural es la incertidumbre.
2. Aun no siendo infalibles, fueron un recurso metodológico relativamente confiable, para fines predictivos hasta hace dos o tres lustros.
3. Lo anterior, en procesos electorales, a pesar de:
a) La discrepancia entre población de electores potenciales (lo que estudia la encuesta) y población de votantes efectivos (de donde surgen los resultados de la elección).
b) El siempre posible cambio en la correlación de fuerzas de cuando se realizó el trabajo de campo de la encuesta a cuando se realiza la elección.
c) De las múltiples deficiencias que siempre han tenido las compañías encuestadoras nacionales, las cuales a pesar de ello han cultivado, con el apoyo de los medios, prestigios espurios.
4. El factor desencadenante para el viacrucis de los encuestadores ha sido el cambio que ha representado, en el dinamismo de la opinión pública, el uso generalizado de teléfonos celulares y de la red de internet.
5. A pesar de que la encuesta ha visto disminuida su efectividad para fines predictivos, ésta se puede mejorar modificando la forma de su

realización. Para ello debe enriquecerse su metodología con otras ramas de la Ciencia Estadística.

6. El efecto de las imprecisiones de las encuestas en la razonabilidad de los juicios de los analistas políticos y de las decisiones de los políticos ha sido devastador, pues tanto unos como otros fincan en ellas su percepción de la realidad política.

7. Los *encuestólogos* nacionales se aprestan a explicar por qué fallaron sus predicciones, sustituyendo sus antiguas fantasías por nuevas fantasías.

8. El fenómeno del yerro masivo en las predicciones, signo de la obsolescencia de la encuesta para fines predictivos de procesos sociales dinámicos, no es exclusivo de nuestro país. Sucedió en España en el 2004, en la interna demócrata de Estados Unidos en el 2008, etc.

9. Mientras la apuesta de los actores políticos, incluyendo al IFE, sea atender sus intereses políticos inmediatos, y en el mejor de los casos darle curso a vanidades absurdamente cultivadas, las cosas seguirán exactamente igual o peor.

10. La alternativa es el desarrollo de una Cultura Estadística fuerte entre los políticos y los analistas políticos, que permee a la población general. Cuando esto suceda se dará, de manera natural, la depuración de nuestro gremio nacional de *encuestólogos*.

Hasta la próxima...

Salvador Borrego, Ph.D.